ENTRE EL CIELO Y EL INFIERNO EN EL MARATÓN DES SABLES

Lukas Gubler

Traducido del alemán por Enrique Asensi Galiana
tradasensi@ya.com

Título original
HIMMEL UNDHÖLLE am MARATHON DES SABLES
ISBN 978-3-7347-1644-7

Herstellung und Verlag:
BoD - Books on Demand, Norderstedt
ISBN: 978-3-7386-3742-7

Me encuentro a bordo de un autobús con dirección a Madrid. A mi lado está sentado un anciano que habla por los codos. Su dialecto hace presumir que es el último miembro de una tribu extinguida y su pronunciación hace pensar que tiene la boca llena de puré de patatas. No entiendo ni una palabra de lo que dice y reacciono con gestos inexpresivos y sonidos ininteligibles. Más allá de lo que pueda haber entendido realmente, tiene intención de apearse en Albacete.

Me dirijo a Marruecos. Quiero hacer realidad un sueño. El sueño del Maratón des Sables. La prueba más dura el mundo, o al menos tiene fama de serlo. Hay que recorrer 250 kilómetros a través del desierto, todo ello en seis días + 1 día de descanso, durante los cuales cada competidor deberá portar en su mochila su saco de dormir, un equipamiento obligatorio compuesto de brújula, botiquín contra mordeduras de serpientes, cobijo de emergencia, libro de ruta y otros accesorios, cuyo peso mínimo deberá ser de 6,5 kilos y un máximo de 15 kilos, conforme a lo prescrito.

Tanto los gestos como los ruidos con los que reacciono a la verborrea de mi vecino de viaje son cada vez más escasos; hasta que cesan totalmente. Pero ello parece no molestar en absoluto al improvisado interlocutor, pues continúa hablando sin parar.

Realizamos una pausa en Albacete, donde el vejete se apea del vehículo ¡Por fin! Pero al finalizar la pausa, vuelve a subirse al autobús. La aventura ha comenzado... ya desde este momento.

Pero como en este universo no hay nada que dure eternamente, también ello llega a su fin.

Las tres horas de las que dispongo para realizar el traslado desde el autobús al avión deberían ser suficientes. Más que suficientes. Pero en mi interior reside también el error de todo lo sofisticado. Todo el mundo se desplaza aquí de forma constante a través de las terminales. Dirigen una corta ojeada a uno de los paneles electrónicos. Naturalmente que al correcto, mientras que yo camino en la dirección errónea a través de las incorrectas terminales buscando y perdido, leyendo el falso panel sobre el que se muestran todos los vuelos, excepto el mío, lo que me obliga a solicitar nuevamente información una y otra vez. Y a ello hay que añadirle que las terminales desde la uno hasta la cuatro están separadas entre sí por cuatro paradas de autobús. Me encuentro en la terminal cuatro y debo dirigirme a la uno. A la hora de entregar el equipaje, las interminables colas en zigzag, el control de pasaportes y billetes de vuelo, los controles de seguridad, todo ello en un interminable pasito de pingüino, de tal forma que me llega justo para incorporarme a la marea humana que dará acceso a la aeronave donde todos aparentemente competirán por alcanzar sus plazas reservadas.

Una vez en el avión, se sienta a mi lado un marroquí que habla un español fluido y me da muchos consejos de utilidad, giros idiomáticos árabes, precios, tarifas, aconsejándome inminentemente para viajar con autobuses de la línea CTM, y no con otros.

Tras habernos sometido a un leve procedimiento de importación, controles de seguridad y de policías, me encuentro incurso en pleno regateo árabe. Esta vez se trata sobre el precio del taxi. Conozco las tarifas. Setenta Dirham. Dispongo de tiempo y el taxista también. Y cuando por fin me encuentro en el hotel, situado en pleno centro de Marrakech, constato que el cuchitril es demasiado elegante para mí, pues prescindo de sandeces. Me conformo con una cama, un cuarto de aseo, que esté limpio y a ser posible sin el encanto de una celda o del ambiente de un matadero.

El siguiente día está dedicado a visitar en la Place Jemaa el Fna, a cambiar dinero, a comprar el billete de autobús para Ouarzazate, realizar algunas compras, visitar el casco antiguo, el Barrio Judío...

Dos días más tarde me encuentro en la parada de autobús de la compañía CTM y asciendo con otros cuatro pasajeros a un vehículo totalmente moderno que nos deberá llevar a Quarzazate. Ya desde Marrakech puede verse el Atlas en la lejanía. Las montañas cubiertas de nieve brillan con un albor deslumbrante sobre el horizonte. Cuanto más nos aproximamos a las montañas, más deslumbrantes resaltan las cumbres sobre el verde saturado de las amplias superficies. Durante todo el invierno ha llovido con una intensidad y frecuencia apenas recordada. Las carreteras ahuecadas y los puentes arrancados son testimonio en la intensidad de las lluvias invernales y en el verde de los prados plagados de flores muestran un entorno de escasas características árabes.

El autobús circula a través de desfiladeros en forma de serpentina de carácter aventuresco a una velocidad de vértigo rumbo a la cima. Produce mareo mirar hacia abajo para observar los pronunciados taludes. Se puede adelantar en cualquier tramo del recorrido, al menos así lo considera el conductor. Tampoco es absolutamente normal la enorme cantidad de nieve que todavía cubre las montañas a mitad del mes de abril. Sobre las inclinadas paredes de roca, forman capas de espuma los arroyos que se desplazan de forma pulverizada hacia el abismo, donde se acumulan muchos riachuelos y arroyos formando ríos de un color azul verdoso.

En la cima, en el puerto de Tichka, a 2260 metros sobre el nivel del mar, el autobús se detiene y permite descender a los viajeros para vaciar la vejiga, lo que encuentro loable por la forma en la que podido captar con mi cámara el paisaje salvaje.

El descenso hacia la vertiente del Sur, que no por ello tiene menos nieve y que el conductor al menos la organiza de la misma forma aventurera que el camino de ascenso, está adornada en casi su totalidad con praderas multicolores y atravesada de ríos caudalosos en los cuales hacen laboriosamente su colada las mujeres habitantes de aldeas construidas con adobe y piedra natural.

El viaje de siete horas pasa volando, sin un único segundo de aburrimiento.

Quarzazate, la puerta del desierto.

El hotel, que por lo visto nadie conocía, y que debería ser nuestro punto de encuentro al día siguiente, existe realmente. En un lóbrego vestíbulo, escondido detrás de un mostrador, un jovenzuelo con el rostro repleto de granos. - Que sí, que es cierto que había oído algo sobre un maratón del desierto - Posiblemente me encuentre en el lugar correcto, pero el joven tampoco lo sabe exactamente. Se trata de la calma antes de la tempestad. ¿Me encuentro en el lugar incorrecto y a destiempo? Alquilo una habitación y descanso en primer lugar, a continuación salgo a dar un paseo y vuelvo al hotel, donde no se encuentra una triste alma. Me siento en la zona de entrada en la que se dispone de Wifi e intento en un par de ocasiones contactar con Gitty a través de Skype. Después, me retiro a dormir.

A la mañana siguiente, como habíamos acordado, deberíamos encontrarnos a las nueve horas en el aparcamiento del hotel. Y allí están ellos. Verdaderos tipos de complexión acerada, chicas en buena forma y de todas las edades, reconocidos corredores de fondo, ultra fondistas. Un mundo musculoso que escarba como hacen los caballos con sus pezuñas antes de comenzar la carrera, preparado para la aventura de las aventuras, rabiosamente decidido a conquistar el desierto.

Me mezclo con la muchedumbre. No sigo ningún plan concreto, pues tampoco lo tengo y en algún momento simplemente me subo en uno de los autobuses preparados y aguardo con expectación los acontecimientos que nos esperan. A mi lado se sienta un hombre de edad media. Raúl. Un argentino. Coincidimos en que por fin nos encontramos en el lugar con el que veníamos soñando desde hacía varios meses. Nos encontramos por fin allí, donde las imágenes de Internet trasladaron nuestros sueños a las dunas, sobre las montañas, a través de la arena a ese remoto plató cinematográfico. Nos encontramos íntegramente en una aventura plena de esperanzas, dudas, preocupaciones y añoranzas. Allí, en aquel lugar para el que nos hemos preparado durante muchos meses de duro entrenamiento.

Nos dirigimos al campamento. Más de siete horas a través de amplias llanuras, tras las cuales limitan la visión hasta el infinito las montañas de un matiz rojizo azulado pastoso, pulidas por el viento y la climatología.

Tras una pausa para la micción y haber tomado un tentempié, arribamos a nuestro destino. Un amplio círculo de tiendas de campaña negras alineadas en tres filas componen el campamento de los corredores; a su lado las tiendas blancas de los ayudantes, organizadores y médicos, por lo que la palabra tienda de campaña supone para nosotros, los corredores, un término de alta complejidad. Un saco de café recortado fijado en dos de sus partes al suelo y sujetado por dos varillas más o menos afectadas y abierto en dos de sus lados opuestos. Por debajo, un tejido de cortinas con diseños geométricos simulando una alfombra. Las tiendas están numeradas. Nosotros, los españoles, deberemos ocupar las tiendas numeradas del 11 al 18. Cada una de las tiendas deberá acoger a ocho personas, que son las que por cierto caben justo en las mismas. La mayoría de las tiendas ya están ocupadas por grupos que se conocen entre sí o han entablado amistad durante el trayecto. En la tienda número 16 se encuentran dos muchachos, más o menos treintañeros. Joan y Xavier. Raúl, el del autobús, y yo deberemos unirnos a ellos.

En algún lugar del círculo interior existente entre las tiendas se monta un escenario. Las ráfagas de viento dejan entrever la silueta del escenario en un manto de arena. Todo se cubre con una capa de arena finísima de color rojizo amarillento, mientras nosotros charlamos e intentamos escoger las piedras más agudas y punzantes bajo el polvoriento simulacro de alfombra.

Delante de la tienda se encuentra algo perdida una corredora. Ana, una portuguesa, que desde casi siempre o incluso más, vive en Guernsey. Nosotros cuatro, los ocupantes en la tienda número 16, no formamos un grupo de emergencia, por lo que gustosamente se une a nosotros y tras unos breves momentos estamos completamente seguros de que nos adaptaremos a la perfección.

A la mañana siguiente deberá realizarse el control de salud y de materiales. Cada uno de nosotros deberá presentar un certificado médico, por el que se confirme que el participante está en condiciones de superar maratón de 250 km a través del desierto. Deberá aportarse asimismo un ECG y un médico presencial - el *Doc-Trotter*- realizará in situ un reconocimiento visual. Más adelante se informará sobre el control del material.

Durante la totalidad del trayecto deberemos acarrear con nuestras pertenencias. Saco de dormir, alfombrilla isotérmica, avituallamiento, enseres para cocinar y cubiertos para comer, no quedando así opción alguna que permita simplemente ahorrar peso hasta alcanzar el mínimo absoluto, por lo que con esos mínimos cada uno de nosotros intenta construir un lugar para pernoctar. La mochila hará las veces de almohada y será apretado todo aquello que de alguna manera logre introducirse entre el tejido de cortina y entre la espalda y las piedras agudas.

Un viento frío escupe una y otra vez salvas de arena sobre nuestros rostros. A pesar del frío, de las piedras punzantes, la arena y las almohadas extremadamente anguladas, logramos por fin conciliar el sueño.

En el transcurso de la noche, nuestra comunidad de acampada se ha ampliado con Marcelo, otro argentino.

A la mañana siguiente aprovecho el tiempo disponible antes de realizar el control de material para dar una vuelta por el lugar de acampada. De alguna manera todavía no soy consciente de que realmente me encuentro en el Maratón des Sables. Todo ello produce un efecto fantástico, irreal.

Al volver a la tienda todavía queda tiempo para charlar. Ana ha superado brillantemente doce maratones en el curso del año anterior; todos ellos en menos de cuatro horas. Cada uno de nosotros informa sobre el deporte que practica, pero ninguno hace alardes o quiere sobresalir con sus rendimientos obtenidos. Se trata de aventuras que nos interesan a todos. Sobre el *Ultra Trail del Mont Blanc*. Una ruta rodeando el Mont Blanc con una longitud de más de 166 km con un desnivel de 9402 metros acumulados. Todo ello con un límite de tiempo de 46 horas y tras haber superado unas estrictas condiciones de admisión. Apenas la mitad de los participantes consiguen alcanzar la meta. Yo puedo informar de mi experiencia en Kona, en Hawaii, el Olimpo del triatlón, donde no es posible encontrar principiantes, pues aquí se encuentran realmente sólo corredores de fondo expertos, por lo que encuentro algo arriesgado decir que yo me encuentro entre ellos.

Hacia el mediodía deberemos acceder al control. Marcelo es ingeniero y ha reducido el peso de su mochila hasta el peso mínimo absoluto permitido de 6,5 kilogramos. Ahora, unos segundos antes de pasar el control, comprueba que le faltan doscientos gramos, algo que me cuesta creer a mí, con mi mochila de nueve kilos y medio de peso (sin incluir el agua, que se añadirá). Simplemente no soy ingeniero.

La fila de corredores avanza pasito a pasito hacia el puesto de control. En primer lugar se procede al pesado de la mochila, a continuación se inserta un aparatito que deberá transmitir nuestra posición durante la totalidad del circuito a un ordenador central y desde el que, en caso de emergencia, se podrá pedir ayuda pulsando un botón. Deberá aportarse un listado con el contenido de la mochila, listado éste del que no dispongo y que tampoco nadie se ha dado cuenta de ello. Se proporcionan tabletas de sal; un médico me observa examinando mi rostro y constata que estoy en forma y completamente sano. A pesar de que todo ello me consta reconforta escuchar la confirmación.

La cena es proporcionada por la organización y es buena. A continuación el grupo de bereberes interpreta Ethno Jazz o Pop del Desierto.

A través de la tienda vuelve a soplar un viento frío, cargado de arena e inmisericorde.

1ª Jornada

A la mañana siguiente comienza la prueba.

A las 6:00 de la mañana unos afanosos bereberes comienzan a retirar de nuestras cabezas las tiendas vociferando "*Yala, yala*". A continuación, hay que ponerse a la cola para aprovisionarse de agua, picar la tarjeta de control, disponer la mochila de tal modo que los objetos de mayor dureza no presionen sobre la espalda. Joan y Xavier apuran con sus cucharas puré para bebés. Mi Müesli lo he apurado rápidamente, Ana necesita imperiosamente chocolate caliente y aquello a lo que Raúl y Marcelo se dedican con tanto empeño es un secreto que se guardan para ellos.

Con una meticulosidad que roza la pedantería me ajusto las polainas sobre el calzado y bajo los calcetines de compresión. Pronto predomina un ambiente festivo. Ha llegado el momento. Nos encontramos en el Maratón des Sables y apenas podemos darnos cuenta de ello. Felicitaciones, palmadas en la espalda, abrazos; predomina un ambiente fantasmal. Caminamos juntos hacia la posición de salida. Todos han visualizado el trayecto en el libro de ruta. Pero yo no, pues no me sería de utilidad. Yo quiero verlo, sentirlo. Debo hacerlo.

Patrick Bauer trepa a lo alto del techo de un vehículo, situándose a su lado una intérprete de inglés. Bienvenidos a la 30ª edición del Sultán Maratón de los Sables. En la línea de salida se sitúan 1360 corredores y corredoras. Un nuevo récord. A continuación, Patrick felicita a los que celebran hoy su cumpleaños y da las últimas recomendaciones. No olvidar la protección solar. Tomar necesariamente y de forma regular las tabletas de sal, beber, aquí predomina un calor seco y polvoriento, pues se suda y no se da uno cuenta de ello, por lo que la primera etapa habrá simplemente que abordarla con calma. Desde luego, todos deseamos que todos alcancen la meta. Arriesgarse con la velocidad es algo que sólo tiene sentido para los corredores líderes. Nos esperan 36,2 km de desierto.

De repente, alguien gira al máximo el volumen de los altavoces. Se interpreta un título de AC-DC; Highway to Hell, lo que nos pone la piel de gallina en todo el cuerpo. Diez, nueve, ocho, siete, seis, cinco, cuatro, tres, dos, uno y comienza la carrera.

Apenas cinco metros sobre la turba humana que acaba de salir sobrevuela un helicóptero provisto de cámara. Rabiosamente decidida comienza a avanzar la tropa. Yo me mantengo en la parte trasera en la arena en medio de una gran polvareda.

El suelo es blando, arenoso y difícil de desplazarse sobre el mismo. Con una ligera pendiente de ascenso sobre la que nunca encontramos tierra firme bajo nuestros pies, por lo que habrá que descartar el establecimiento de un ritmo.

A continuación, avanzamos sobre un monte, en la parte opuesta en su declive con dirección a unas verdaderas dunas. La arena rojiza amarillenta transmite una suave y cálida sensación. Un paisaje de dunas suavemente onduladas y en la lejanía montañas de un azul resplandeciente. De forma insegura y torpe intento buscar en la arena zonas más compactas. Me resbalo en todas las direcciones, observo a los demás y tampoco en ellos descubro ninguna técnica que sea más correcta, pues los otros actúan con más habilidad y ligereza. Observándolos detenidamente también se esfuman en parte de ellos las ventajas de las que se venían aprovechando, siendo muy pocos los que verdaderamente avanzan con rapidez.

Yo había realizado mis entrenamientos en la playa de nuestro pueblo, en las dunas de San José, habiendo viajado especialmente a Tarifa y al Cabo de Gata para elaborar una técnica de marcha sobre la arena de largas playas. Provisto de una mochila con su carga. Pero la arena de aquí es infinitamente más fina. Intento cargar el pie en su parte trasera y enseguida la delantera, seguidamente más sobre uno y alternativamente más sobre el otro. La mejor posición parece resultar la de mantenerlo completamente plano. Sólo habrá que procurar no cargar la punta del pie al tropezar. No atentar de modo alguno contra la arena. Ya se me brindarán bastantes oportunidades para pulir esa técnica de marcha.

Por fin salimos de las dunas, atravesamos un valle para desembocar seguidamente en otro campo de dunas. En la lejanía sobresalen rocas de pizarra gris de la arena de las dunas. Conforme vamos acercándonos se hacen más grandes y crecen hasta convertirse en montes.

El paisaje que nos rodea nos corta la respiración. El tiempo límite para recorrer esta etapa es de diez horas y treinta minutos. Avanzo a buen ritmo y dispongo de mucho tiempo para contemplar el paisaje.

Se avista el primer puesto de control. Barreras de color blanco a través de las que tendremos que circular, dependiendo del número de dorsal de cada uno, donde se sellarán las tarjetas de control y deberá hacerse acopio de agua. El hombre que me proporciona el agua me mira a los ojos y me comenta de buen humor y con pleno convencimiento: *"Lo conseguirás, lo estoy viendo"*. Dicho comentario es de agradecer; produce un efecto reconfortante.

Para cada etapa tenía planeado disponer de dos barritas energéticas, 60 g de nueces, seis dátiles rellenos de almendra y dos pequeños paquetes de polvos regeneradores que puedo disolver en el agua. En el comentario sobre el recorrido realizado en la línea de salida, Patrick nos ha informado de que para el cuarto día está prevista una etapa de largo recorrido de 91,7 kilómetros, lo que me produce miedo y por lo que he modificado a corto plazo mi plan de alimentación, renunciando a la segunda barrita energética y a la mitad de las nueces para poder así hacer acopio de esas reservas para la más larga de las jornadas. Pero ello conlleva un pequeño riesgo, pues cuando se tiene la sensación de hambre o de sed puede ser tarde y suele suceder que uno no logre recuperarse lo suficientemente a tiempo. Por ello presto mucha atención a cualquier signo de cansancio por mínimo que sea, sin olvidar por ello que una carrera por el desierto de tales características naturalmente también produce cansancio.

Uno no deberá dejarse impresionar por la longitud de una etapa. Siempre hay que pensar en el próximo puesto de control y celebrar la llegada al mismo como un pequeño triunfo.

El siguiente recorrido transcurre a través de arena y esquenanto. Como hemos comentado, durante el invierno ha llovido abundantemente y con mucha frecuencia. Amplias partes del desierto han sido bendecidas con densas capas verdes y todo lo que florece sobresale del árido suelo. Hay que caminar lo más cercano posible a lo largo de los manojos de hierba, donde el suelo arenoso está algo más compactado. Será entonces cuando por fin encuentre suelo firme bajo mis pies. Un estrecho sendero discurre a través de una llanura pedregosa, donde a izquierda y derecha de la misma se encuentran piedras negras algunas del tamaño de balones de fútbol y con las cuales tropiezo una y otra vez cada vez que realizo un adelantamiento.

Mi tenar derecho se encuentra hinchado desde hace algo más de 5 kilómetros, lo que me produce dolor, bastante dolor. De vez en cuando me detengo durante un breve espacio de tiempo y mantengo el pie suspendido en el aire y lo agito un poco, lo que produce un alivio durante un par de segundos. Cuando ocasionalmente piso una piedra angular de forma que haga presión exactamente en la mitad de mi pie, experimento algo de alivio, por lo que con la frecuencia que me es posible, ejerzo presión con mi pie sobre ese tipo de piedras. Con el consiguiente cansancio se hacen también menos intensos los dolores en el pie.

En el puesto de control número dos reina la alegría. Sólo el diablo sabrá desde cuando están ahí los ayudantes, quienes se ocupan de validar tarjetas y administrar agua. Cada botella suministrada es marcada con el número de dorsal del correspondiente corredor. Si se encuentra una de las botellas en el desierto, existe la amenaza de sanción sobre el crono e incluso la exclusión, lo que considero correcto.

Los enrojecidos y luminosos rostros evidencian quien más o menos tiene que sufrir los rigores del calor. Yo estoy acostumbrado al calor, pues me agrada y es algo que me ayuda. A pesar de que en estos momentos la temperatura ya supera los cuarenta grados, me encuentro perfectamente y el viento más bien cálido acaricia de forma agradable mi rostro.

Una vez superado el segundo y último puesto de control en el día de hoy, recorro un trecho acompañando a la guapa Ester, de la tienda de campaña vecina. La conversación mantenida hace casi olvidar por completo el esfuerzo, el cansancio y los dolores.

Hacia el final del recorrido de hoy, en unos treinta kilómetros, habrá que volver a caminar a través de un terreno de arena completamente profunda y por el horizonte asoma una cadena montañosa que deseo no tener que verme obligado a ascender. Pero Patrick Bauer no sería Patrick Bauer si omitiera esa exquisitez; es decir, habrá que ascender. Nuevamente a esforzarse a tope y el segundo tramo del ascenso conduce a otro tramo de infame y fina arena de una textura harinosa. En un tramo posterior conduce la cresta todavía a través de la arena, a continuación entre rocas de color negro grisáceo aparece en la profundidad sobre una amplia llanura el valle. Pero para alcanzarlo faltan todavía dos kilómetros.

Casi de forma eufórica caminamos Ester y yo, uno junto al otro, hacia la meta de hoy y realizamos todavía en los últimos metros un auténtico sprint.

Una vez cruzada la meta, haber perforado las tarjetas, recibido felicitaciones y saboreado un increíblemente sabroso té en la tienda de Sultán. Pero tras esa pausa de varios minutos resulta difícil partir nuevamente con dirección a la tienda, pues la marcha no es precisamente elegante. Llego a la tienda 16 el último de nosotros seis, donde todos se encuentran. Casi todos en buenas condiciones, pero Marcelo, no. Está acostado y pálido como la cal, pues está deshidratado y su cuerpo no tolera nada. Dejo a Joan y a Xavier que se encarguen de su salud, ya que ambos son médicos se ocupan esmeradamente en el cuidado de Marcelo. Transcurridas dos horas consiguen que ingiera pequeños tragos de caldo de gallina. Despacio, muy despacio puede retener algo de líquido. Se levanta por breve espacio de tiempo y tiene que volver a acostarse. Mañana continuará con la marcha, pues estamos seguros de ello. Hemos alcanzado los seis la meta y deberá permanecer también así en el futuro.

Anochece más pronto. He estado recolectando hierbas con Raúl. Repentinamente se expande un aroma resinoso de nuestro cocedero. Todos, excepto Marcelo, se preparan un avituallamiento. A mí me toca comer fideos liofilizados napolitanos. Los encuentro realmente sabrosos y tranquilamente podría dar buena cuenta de una o dos porciones adicionales.

2ª Jornada

6:00 horas. Los bereberes arrancan las telas de las tiendas. La noche ha sido fría y la arena arrastrada por el viento hacia el interior se ha depositado en forma de una fina capa sobre todo. Chirrían los dientes. Les comento a mis camaradas de aposento que a la forma del aseo que se realiza aquí se le denomina en Alemania lavado de gatos.

Marcelo está todavía algo pálido y es consciente de ello. Necesitará más agua y más sal que los demás y deberá prestar especialmente atención para que ello también se mantenga en las sucesivas etapas.

Aprovisionarse de agua, validar las tarjetas, mezclar Muesli, preparar la mochila ajustar cuidadosamente de las polainas sobre el calzado. A pesar de todo, ayer se me introdujo una pequeña cantidad de arena en el calzado, si bien solamente fueron mis calcetines y no mis pies quienes sufrieron las consecuencias. Durante todo el mes anterior al comienzo del maratón había aplicado crema cuidadosamente en mis pies y ello habría tenido su peso en oro. Con toda seguridad tampoco las dos veces que acudí a la consulta de la pedicura pueden considerarse incorrectas.

Nos encontramos nuevamente en la línea de salida. Patrick, sobre el techo del vehículo, nos saluda, reparte felicitaciones de cumpleaños. Sólo unos pocos fueron los que abandonaron en la primera etapa, lamentablemente también el participante de 83 años, a quien yo le hubiera deseado encarecidamente mucho éxito. Patrick nos advierte nuevamente que en ningún caso infravaloremos el calor y la irradiación solar y que tengamos en mente el agua y las tabletas de sal.

La etapa de hoy se compone de 31,1 kilómetros. Una minucia, murmura el cerebelo y el lóbulo frontal superior se entromete a modo de aviso.

Posteriormente creo que me he llevado conmigo al trayecto a recorrer una mezcla sana de optimismo y respeto.

Highway to Hell, otra vez la piel de gallina por todo el cuerpo, tres, dos, uno. El helicóptero irrumpe sobre los corredores y la jauría se pone en marcha.

Los dos primeros kilómetros transcurren en superficie lisa a través un terreno bastante sencillo. Pero ello deberá cambiar dentro de muy poco. A través una fachada paisajística, de la forma más mágica, fascinante y emotiva que jamás podría haberme imaginado en mis sueños más intrépidos, volvemos pronto a caminar nuevamente a través de dunas sobre una llanura arenosa plana y con una continua inclinación ascendente hacia una verdadera montaña, volviendo a descender a través de senderos de escalada y por la otra parte a través de grandes bloques de rocas de color azul resplandeciente. Trepar hacia lo más alto, resbalarse, quedarse estancado, tropezar, escalar.

Abajo, en el valle, a 12 kilómetros, el primer puesto de control. El recorrido hasta allí ha sido realmente difícil y lo que nos espera a continuación debería ser todo lo contrario a lo que pudiera considerarse sencillo.

Tras haber atravesado un valle se inicia un ascenso de considerables dificultades técnicas a través de una pendiente aproximadamente de un 15%. El pasadizo siguiente de roca a través de la cresta de la montaña transcurre a través de un salvaje y romántico paisaje de montaña. Por una de sus partes se desciende de la montaña por una pared vertical y por la otra las rocas anguladas bloquean el camino.

Una de las corredoras esta tumbada sobre una roca lisa, ha pulsado el botón de emergencia. Le es imposible continuar y necesita ayuda, por lo que deberá abandonar. Un estúpido lugar, pero pronto se hallará a bordo del helicóptero y posiblemente ya, en el siguiente día, pueda recuperarse en el hotel de Quarzazate de los esfuerzos realizados.

El posterior descenso a través de arena profunda y blanda es un verdadero cachondeo. Con amplias zancadas forman las piernas torbellinos y nubes de arena y la suave pisada con los pies se asemeja a las de la práctica del esquí.

Después de recorrer 26 kilómetros arribamos al segundo puesto de control, donde siempre se encuentra dispuesto el mismo ayudante que ya desde el primer día me predijo que superaría el Maratón, sella mi tarjeta, alza su dedo pulgar y me hace un guiño casi conspirativo. Inmediatamente tras éste se encuentra una doctora, quien mantiene inclinada la cabeza, como cuando un perro rastrea un ruido desconocido, observa profundamente y con una mirada interrogante mi rostro, preguntándome que cómo me encuentro. ¡Bien! ¿Bien? Sí, muy bien. Estoy convenció de que de con esa algo exagerada atención tiene algo que ver mi ya ligeramente avanzada edad. Soy consciente de que en la segunda mitad del maratón mostraré un sensiblemente deteriorado aspecto en comparación con determinados "hombres de hierro". Ello no quiere decir que esta carrera a través del desierto no me haya afectado ahora también a mis miembros y a la sustancia, de ninguna manera, pero me encuentro bien.

La totalidad de esta segunda etapa transcurre en idéntica forma; arena, rocas, ascensos, técnicamente exigente a través de un paisaje que quedará grabado el resto de los días como una de las experiencias más impresionantes.

Llegada a la meta, sellar tarjetas, desde hace un día un buen rato que me alegro del té que me espera y que también esta vez sienta excelentemente bien. A continuación, de vuelta a la tienda número 16. Volvemos todos al completo y todos se alegran al menos sobre la circunstancia, sobre el triunfo del día de cada uno de nosotros y sobre la realidad de que Marcelo no solamente lo ha conseguido, sino que se encuentra visiblemente mejor lo que también aporta su dosis de buen humor.

Mi recorrido dirección a la tienda de acampada con el teléfono vía satélite deja entrever de forma clara los desafíos experimentados en las horas precedentes.

"Hola, Gitty, acabo de terminar y también he superado la segunda etapa" Ella está ahora también convencida de que lo conseguiré.

De regreso a la tienda de acampada constato que en ese lugar no existe ningún tipo de hierbas y que aparte de las propias tiendas, no existe nada que pueda considerarse combustible. En su lugar hay tabletas *Esbit* y cada uno de nosotros dispone de un par de ellas. La cena se compone de arroz con setas silvestres y soja. Tiene un sabor exquisito y casi ha llegado a saciarme. Nuevamente he hecho acopio de provisiones para la larga jornada que nos espera.

La noche vuelve a ser ventosa y fría, las piedras insertadas bajo el simulacro de alfombra son duras y agudas y, no obstante, consigo conciliar pronto un sueño reparador, aún en tales circunstancias.

3ª Jornada

6:00 horas. *"Yala, yala"* Mohamed, Ali y el resto desmontan las tiendas. Lavado de gatos matutino, Muesli, puré para niños y chocolate caliente. Sellado de tarjetas, abastecimiento de agua, preparar la mochila y ajustar cuidadosamente las polainas sobre el calzado. También ayer se me introdujo arena en el calzado. A Ana, a quien mientras tanto denominamos como nuestra reina, se le ha formado una ampolla en el dedo pequeño del pie, pero ésta domina una técnica única para protegerse sus dedos con cinta.

El ritual matutino de Patrick desde el techo del vehículo. 36,7 km es la longitud del recorrido que hoy nos espera. Highway to Hell, piel de gallina en todo el cuerpo y también el helicóptero de color rojo chillón dotado con cámara vuelve a sobrevolar de cerca sobre las cabezas de la jauría preparada para partir.

En mi caso se trata hoy de la pregunta, en el sentido de que si mi entrenamiento específico ha mejorado la capacidad de regeneración. Durante varios días recorrí con éxito día tras día largos trayectos, alternándolos con ritmo en marcha y a paso normal, intentando con ello mantener dentro de los límites las sobrecargas, en las cuales parecía posible lograr una casi completa regeneración hasta el día siguiente. Hoy se demostrará el resultado de mi entrenamiento y de que buena forma mi cuerpo se ha recuperado durante la pasada noche. Los pasos iniciales son todavía algo desiguales, pero no tardo mucho en volver a recuperar el ritmo. En el primer ascenso se hace algo difícil la respiración. También a algunos corredores situados por detrás y por delante de mí les falta impulso y elegancia.

Recorro los primeros kilómetros detrás y al lado de Raúl. Me entreno para ubicar mis pasos en la arena blanda sobre las pisadas del corredor que me antecede. Ello puede ayudar ante todo en los ascensos. Después de ocho kilómetros nos topamos con el primer verdadero monte de la jornada. Yo me propongo superarlo muy lentamente, dejando a Raúl que avance, mientras pienso en mañana.

No muy lejos de los otros caminan dos ayudantes con un invidente. "piedra a la izquierda, levantar la pierna, mantente pegado a la roca de la derecha, si te caes, procura hacerlo sobre la parte derecha, en ningún caso sobre la izquierda." El que precede dirige y organiza, el situado en la parte de atrás le ayuda a levantarse. Me quito el sombrero ante esos tres. Las punteras de los zapatos del invidente están totalmente desgastadas. Yo observo las punteras de mis zapatos tampoco las polainas se encuentran en las mejores condiciones. Tropiezo una y otra vez contra las piedras. Es imposible que esos tejidos deshilachados puedan seguir manteniéndose impermeables.

Se vislumbra el primer puesto de control. El primer triunfo del día. A continuación, habrá que atravesar un lago seco, terreno sobre el que puedo aumentar la velocidad y recuperar así algo del tiempo que he perdido en el trayecto de la montaña. El suelo árido es duro y se puede caminar perfectamente sobre el mismo. El color casi blanco del fondo refleja la luz solar, de tal modo que el calor viene al mismo tiempo desde abajo y desde arriba. La marca de los cincuenta grados ha sido ampliamente superada. Como ya había comentado, es algo que me agrada, lo que por supuesto no debe inducir a ignorar el calor y la pérdida de líquidos y sales vinculadas al mismo.

Mientras tanto, los *Doc-Trotters* situados al borde del camino han comprobado que ya hace tiempo que abandoné mi más lozana juventud, pero que no por ello soy un paciente de riesgo. Me dedican una sonrisa, me infunden ánimos y añaden ocasionalmente de forma más bien confirmada que cuestionada que me encuentran muy bien "ça va!?" - "ça va tres bien!".

A pesar de que también era consciente de que están previstos en el programa mucha arena y tramos técnicamente exigentes, consigo avanzar a un buen ritmo, es cierto que acuso el esfuerzo realizado en los días anteriores pero me encuentro bien. Ya una vez pasado el primer puesto de control, estoy completamente seguro de que superaré la jornada de hoy.

En la recta final deberemos cruzar nuevamente un monte para proseguir el recorrido a través de una profunda arena. El descenso de una montaña sobre arena blanda significa siempre un placer. Más adelante en lo profundo del terreno se vislumbra el campamento. Ese es más o menos el lugar donde comienzan a percibirse los efectos del esfuerzo y me alegro verdaderamente y espero con impaciencia el té caliente que me espera.

Los últimos pasos con dirección a la tienda de acampada se hacen difíciles. Los saludos son siempre cordiales y esa cordialidad emana de lo más profundo de cada alma, pues se expresa con sinceridad y reconforta. La tienda 16 vuelve a estar completa.

También esta noche es ventosa y fría. Sopla tal cantidad de viento en nuestra tienda que he tenido que ponerme en un par de ocasiones las gafas protectoras de tormentas de arena. Marcelo es un verdadero talento durmiente, mucho más que yo, lo que ya significa bastante. No percibe nada del frío, del viento y de la arena. Simplemente duerme. Además se ha recuperado completamente y se encuentra en perfectas condiciones, pues hoy ha sido verdaderamente rápido y apenas puede esperar a la larga jornada de mañana.

4ª Jornada (y 5° día) 91,7 km !!!!!

Esta mañana es todo diferente. Ello no quiere decir que Patrick no haya trepado al techo del vehículo o tampoco haya olvidado las últimas noticias, las felicitaciones de cumpleaños, las advertencias, las tabletas de sal y la crema solar. Highway to Hell, piel de gallina, helicóptero, todo según lo programado, pero nosotros somos diferentes. Nosotros, los corredores. Apenas uno que hubiera corrido tan lejos en su vida. Rectifico, un par de ellos a buen seguro. Pero seguramente apenas en el desierto, seguramente no en el cuarto día de una carrera ultra por el desierto. Para la mayoría de ellos se trata de un salto a lo desconocido. Para mí en todo caso y de alguna manera esta mañana se percibe todo de una forma distinta. Me alegro de participar en esta aventura. Me he preparado durante un largo y completo año para ello. Y siento algo más que un mero respeto ante aquello que va a comenzar de forma inminente.

Me parece que la gran afluencia comienza esta jornada con algo de prudencia. Iniciamos el recorrido más pronto que todos los demás días y los profesionales lo harán dos horas más tarde. Se nos brindará la oportunidad de experimentar en su elemento a esas personas extraordinarias.

En esta jornada encuentro rápidamente mi ritmo. Recorremos en dirección contraria una parte del tramo recorrido en la etapa de ayer. Son muchas cosas las que reconozco. Dunas de arena hasta el kilómetro cuatro, seguidamente vuelvo a tropezar con las piedras. Las polainas prácticamente han dejado de ejercer su función como tales.

He tenido que coser la derecha de tal forma que he tenido que volver a cortar una al llegar a la meta. Desde el principio tengo arena en el calzado, pero no parece molestarme. Sólo cuando se acumula en la parte delantera, en la puntera del zapato, noto que el zapato se me ha quedado pequeño.

En el kilómetro diez hay que atravesar nuevamente un pequeño y arenoso monte e inmediatamente después, aparece el puesto de control CP1.

Piedras, arena y viento. El viento sopla hoy con una intensidad especial. Una y otra vez extiendo mi pañuelo de cuello para cubrirme la boca y la nariz. Seguidamente volvemos a recorrer el lago seco, el mismo de ayer, sólo que desde otra posición. Se puede caminar más fácilmente sobre un suelo compacto. Mantengo mi ritmo e intento no recuperar ningún tiempo, pues pudiendo continuar caminando manteniendo este ritmo, dispondría al alcanzar el puesto de control de cinco o seis horas para poder descansar.

Puedo caminar en todo momento y con soltura manteniendo la misma velocidad de marcha. Cuando después de recorrer 26 kilómetros arribo al puesto de control 2, tomo la botella de agua lo más rápidamente posible, únicamente con la intención de no perder el ritmo de marcha y decido continuar.

Experimento algo parecido a un trance. No percibo cansancio o dolor alguno. Tengo la sensación de que mis pensamientos han sido totalmente anulados. A ello contribuye que el terreno no es especialmente fácil. La arena no es, desde luego, profunda, pero caminar sobre la arena no es algo realmente fácil.

En esta marcha con los pensamientos perdidos llego al puesto de control 4. He perdido toda percepción temporal y espacial. Pregunto cuánto he avanzado y apenas puedo creer que he recorrido cincuenta kilómetros.

Debo prepararme para la noche. Linterna frontal en la cabeza y fijar en la mochila la barra luminosa que me acaba de ser entregada.

A partir de ahora el firme se compone únicamente de arena. Vuelvo a percibirme a mí mismo y me preparo para el esfuerzo a realizar. Intento mantener el ritmo de marcha con un grupo de marroquíes, pues varios conos luminosos juntos iluminan el suelo de forma más efectiva. Pero ellos tienen simplemente un ritmo diferente al mío, por lo que tengo que dejarlos marchar. Apenas me he quedado nuevamente sólo y vuelvo a recuperar la marcha, todo vuelve a ser como antes. Nada realmente sencillo, sino todo lo contrario. Como si todo hubiera sido de esa forma. Sin reflexionar sobre ello. El viento castiga mi rostro una y otra vez con ráfagas de arena y también los pies retroceden una y otra vez sobre la arena que siempre cede. Estoy solo, conmigo mismo, de una forma en la que nunca había estado anteriormente. Pensando únicamente en mí, percibiendo una increíble sensación. Me encuentro totalmente seguro y no pienso en nada. Recorro el trayecto sin tener en cuenta las señalizaciones, sin buscar obstáculos en la oscuridad, pues ello lo hace otro por mí. Camino junto a mí mismo, puedo verme, aunque que de alguna manera no me sorprendo de ello, pues todo tiene que seguir así. Todo va por buen camino.

Llego al puesto de control 5. No consigo mantenerme despierto. Los datos referentes a mi ubicación son contradictorios. ¿60 kilómetros o 70?

Suena una música. Patrick Bauer se encuentra allí y ordena a un árabe que me prepare un té. ¿Es ello cierto? ¿Ocurre realmente? ¿Debo sentarme y descansar? Los marroquíes citados se encuentran sentados allí y me preguntan si he comido, ofreciéndome algo, cosa que rechazo agradeciéndoselo, pues me encuentro en buen estado.

Vuelvo a iniciar la marcha en la oscuridad, donde reina una maravillosa tranquilidad. No sé exactamente, si camino despacio o deprisa, aunque ello es irrelevante, pues todo continúa desarrollándose simplemente de manera correcta. Durante un momento apenas afloran un par de pensamientos a la superficie. ¿Por qué estoy tan realmente seguro de que me encuentro en el lugar correcto? Pues no vislumbro ninguna marca y ningún corredor. Me observo a mí mismo y me encuentro vacío, aunque no atemorizado. Simplemente no tengo claro por qué soy consciente de que camino en la dirección correcta. Durante un largo espacio de tiempo fluctuaba por delante de mí una cadena de luciérnagas formada por las barras luminosas fijadas en las mochilas. Deberán haberse sumergido en un valle, detrás de un monte. Continúo caminando, me dejo llevar y pronto aparece una empalizada sobre la que está fijada una barra luminosa. Me he despertado ligeramente de mi bello sueño. Miro el reloj. Da igual donde me encuentre, pues todavía dispongo de mucho tiempo y mis pies son todavía capaces de transportarme.

Mientras tanto se ha tornado gélido el viento. Si bien es cierto que no hace mucho había consultado la hora, no tengo ni la más remota idea de la hora que es y también una nueva consulta me hace olvidar de facto la hora que acabo de leer.

Alcanzo el puesto de control 6, donde varios corredores están descansando acostados en el suelo envueltos en sus sacos de dormir. Yo intento hacer lo mismo que ellos. Me acuesto y envuelvo ajustadamente el saco de dormir sobre mi cuerpo para no notar el frío reinante. Pero la sensación de frío no me abandona, ya que estoy tiritando de frío y consumo energía innecesariamente, por lo que decido levantarme y continuar la marcha. Nuevamente me han sido proporcionados datos completamente distintos sobre la trayectoria que falta por recorrer.

Durante aproximadamente 2 km continúo tiritando de frío y el piloto automático vuelve a activarse.

A posteriori ya no puedo decir exactamente a través de que terreno he realizado mi recorrido. Sólo arena, grandes cantidades de arena.

Apenas vuelvo a encontrarme conmigo mismo, sumido en mi propio ser, todo lo demás resulta al mismo tiempo irrelevante pero lleno de significado. De alguna manera se me plantea la pregunta sobre lo que realmente es importante. La pregunta no ha sido establecida previamente, pues se formula y no espera una rápida respuesta. ¿Qué es lo importante? Pienso en Gitty. Gitty es importante. Ese pensamiento no se produce en la forma de un enunciado previamente establecido, sino que está simplemente ahí. Será entonces cuando me sumerja en lo más profundo. Saboreo esa situación y soy completamente consciente de que el caminar sobre la arena es algo muy agotador.

No sería capaz de decir si habría habido alguien cerca de mí, pues en todo caso yo me encontraba solo. Totalmente solo. Posiblemente en mi niñez me hubiera encontrado a menudo en tal situación, pero reflexionar sobre ello sólo podré hacerlo más tarde, cuando me encuentre de nuevo en mi casa. Tratar de averiguar si ello sencillamente guarda algún tipo de comparación o ha sido totalmente distinto. Los recuerdos no son hechos fuertemente anclados, pues se ven enriquecidos, complementados y una y otra vez enfocados desde distintas perspectivas a través de nuevos conocimientos, nuevas experiencias e ideas.

He oído frecuentemente que los dedicados a la meditación no siguen a ningún pensamiento, algo que yo siempre había considerado como algo imposible. Cada vez que he intentado anular mis pensamientos he pensado siempre en no reflexionar sobre ello. Pero ahora intento, aunque sea por una vez, no pensar durante sólo cinco minutos en la palabra rinoceronte. Si no la hubieras pronunciado apenas se me habría ocurrido pensar en ese momento en un rinoceronte y ahora, cuando debería evitarlo, apenas podrá conseguirlo. Pero funciona. Uno puede estar vacío, pensando en sí mismo, inmerso propiamente en sí mismo y la sensación es grandiosa. Pero volviendo al anterior; reflexionar e sobre ello cuando vuelva a estar en casa, debido a que en el desierto todo ha sido una realidad.

Puesto de control 7 - He recuperado mi capacidad de comprender y de creer que faltan exactamente 6 kilómetros. Me encuentro bien y pienso que todavía podría caminar infinitamente. Continuo mi marcha tranquilo, relajado y en mi interior ya se ha puesto virtualmente el cava a enfriar.

Vislumbro ante mí el campamento. Se encuentra seguramente a aproximadamente dos kilómetros de distancia. Posiblemente a veinte minutos. Pasados veinte minutos el campamento se encuentra todavía a una distancia más bien considerable que cercana, despacio, sólo despacio, se acerca cada vez más.

La sensación que experimento al traspasar la línea de meta después de la larga trayectoria es indescriptible por lo que tampoco puede transcribirse. Si tú estás leyendo estas líneas, imagínate sencillamente algo completamente extraordinario. También hoy he sido el último en llegar a la tienda 16. Todos los demás están durmiendo y cuando me encuentro de camino a la tienda comienzan a levantarse uno tras otro. Nos abrazamos. Las lágrimas brotan de mis ojos. Estoy agotado y feliz. La tienda 16 está completa y soy incapaz de dormir durante mucho tiempo después.

35 horas después de la salida de las etapas de hoy (y de ayer), se divulga en el campamento la noticia de que los

últimos corredores se acercan a la meta. Todo aquello que tenga piernas se dirige en dirección a la meta. Ya desde la lejanía se distingue como ambos se acercan renqueantes. Comienza a sonar la música, los reflectores de las cámaras se dirigen hacia ambos. Son las 7 de la tarde y ya es de noche cerrada. Cuanto más se aproximan ambos, más fuerte suenan los aplausos. Las aclamaciones, los gritos de júbilo y los aplausos es algo que emana de lo más profundo del alma de cada uno de nosotros, pues todos los aquí presentes somos conscientes de lo que ambos han tenido que soportar.

Ayer por la mañana, sobre las ocho, partieron de nuevo. A través de la mañana al calor del mediodía. Llegó la tarde y ellos seguían caminando. Llegó la noche y continuaban caminando. A media noche soportando un gélido viento a través de arena y atravesando montañas. Amanece y siguen caminando y volvió a despuntar el día y volvió el calor del mediodía y ellos seguían caminando. Desde primera hora de la tarde hasta el anochecer y nuevamente se hace de noche, ahora, después de 35 horas, arriban renqueantes a la meta. De sus rostros se refleja la felicidad a través de las luces de los reflectores.

La suerte es un elemento volátil que no puede asirse. No tiene sentido apresurarse para conseguirla. Tú no puedes ir hacia ella, es ella quien tendrá que venir a ti. Es posiblemente el único elemento del universo que no es dependiente de su parte opuesta. La altura necesita la profundidad, la felicidad no necesita la desgracia. La indescriptible sensación de una felicidad ilimitada, que aparente y sencillamente se presenta sin punto de partida. Y ello es algo que he tenido la ocasión de conocer durante esta larga etapa. Posiblemente ello necesita un vacío en tu interior para poder llenarte completamente.

La alegría sobre el triunfo de los dos últimos corredores desde ese día es palpable, se distribuye en iguales proporciones entre todos. Uno de los puntos culminantes de este Maratón de Los Sables; en todo caso, uno de los momentos más emocionales.

Otro comentario que se divulgó un poco antes. Se difundió el rumor de que había bebida de cola. La idea de una cola helada en mitad del desierto tras varias jornadas tórridas, era simplemente demasiado tentadora como para poder creer en ello. Pero pronto se encaminaron, primero un par y a continuación muchos más en dirección al camión que se encargaba todas las mañanas de distribuir el agua. Y de una vez quedó todo aclarado: hay realmente bebida de cola y además bien fría. Es algo increíble comprobar cómo podían resplandecer los rostros de miles de deportistas adultos y de extremada dureza. En ninguna serie culinaria del mundo pueden oírse con tanta frecuencia las expresiones *"mhh y ohs"*.

6ª Jornada

Para hoy se anuncia un maratón. Realmente un maratón ya supone un gran rendimiento, cuya realización implica para un mortal habitual que deberá aportar y rendir lo suyo. En realidad un maratón en medio del desierto es una tarea que exige determinados esfuerzos a un corredor para superarlo. Pero la mayoría de los participantes del Maratón de Los Sables consideran esta tarea como factible, tras haber superado los recorridos infernales de anteayer y ayer.

Joan y Xavier han decidido dar todo en este día. Yo mismo oscilo entre la alegría y un gran respeto. Está claro que el día de ayer mostró que dentro de mí reside algo más, pero por otra parte sería una absoluta idiotez arriesgar todo en el tramo final del Maratón de Los Sables por conseguir un par de minutos más rápidos y un par de lugares más avanzados. Si ahora el calor y la extenuación pueden contigo, puedes considerar perdida la tan largamente ansiada llegada a la meta por lo que decido en primer lugar emplear el ritmo de marcha que he venido utilizando durante el 80% del Maratón de Los Sables. Seguramente algo más lento.

Pero todo el cavilar sobre la velocidad que quería imprimir se ha ido al traste. La propia ruta me indica el camino. Ya en la primera subida arenosa se hace difícil la respiración. Raúl y yo nos hemos propuesto correr juntos el maratón. A Raúl se le han formado mientras tanto unas considerables ampollas en ambos pies. Su sufrimiento es visible. Se queja poco, lo que tampoco es necesario, pues sus rasgos faciales lo dicen todo. Me comenta que intenta ignorar el dolor y que también intenta concentrarse completamente a mi ritmo, que bajo condiciones normales sería muy lento para él.

La organización ha vuelto a decidir a dar salida más tarde a los corredores punteros. Cuando se acercan a nosotros y nos adelantan se forma un inmenso estruendo. Las aclamaciones y los aplausos impresionan más que las demás otras cosas. La forma en la que esos pesos pluma se deslizan sobre la arena. Ante todos, el que resultaría ganador, el marroquí Rachid Morabity, a quien tendré la oportunidad de conocer mejor más tarde en el hotel, un tipo simpático y extremadamente modesto. No muy lejos tras el, el español Chema Martínez, nuestro vecino de tienda, quien me proporcionó muchas recomendaciones de utilidad. El francés con la tupida pelambrera, cuyo nombre no consigo recordar en este momento y quien me llama y mantiene su dedo pulgar en alto, como si no tuviera que preocuparse de modo alguno de su propia carrera.

Mis polainas han pasado a mejor vida y las de Raúl tampoco muestran un mejor aspecto. Hacemos una pequeña parada y nos extraemos la arena de los zapatos. Los zapatos de Raúl ofrecen un aspecto desolador. Las ampollas reventadas están inflamadas y la nueva arena que se ha depositado sobre las mismas se encarga de continuar su obra diabólica. Percibo claramente la forma en la que intenta constantemente modificar su técnica de marcha para poder así contrarrestar los efectos causados por el vasto roce de la arena dentro del calzado.

Naturalmente que también en esta jornada son la arena y el calor los que determinan las circunstancias. No quisiera ponerme en el lugar de los corredores que llegaron ayer a última hora de la tarde a la meta. Para mí es más que suficiente comprobar que en mi cuerpo todavía no han desaparecido todos los vestigios de cansancio. Me encuentro bien y estoy completamente convencido de que superaré esta jornada, aún cuando las piernas no respondan como debieran a mis exigencias, debiendo extenderme bajo el techado y percibiendo que la respiración es más dificultosa en los ascensos.

Cuanto más tiempo estamos de marcha Raúl y yo, más sencillo me resulta caminar. Por lo menos para mí. Raúl consigue al menos olvidar ocasionalmente el dolor de sus pies. En esta jornada mantenemos amplias charlas, mucho más que en todos los días anteriores. Sobre lo existencial, sobre lo que verdaderamente es importante para ello. Ambos mantenemos la convicción de que esta carrera posibilita un inciso, un límite, una forma de nueva valoración de la vida. También estamos de acuerdo de que con ello se iniciará un largo proceso, una lenta madurez, que ha encontrado su inicio en un vacío consumado.

Domino cada vez mejor la técnica de aprovechar las pisadas del corredor que me precede en los ascensos arenosos. Puedo encontrar cada vez con mayor facilidad mi ritmo, en los terrenos más difíciles. La marcha tranquila y constante a través de largas distancias recibe siempre una propia belleza. Comienzo a comprender cada vez mejor a los ultra-corredores, que apenas pueden esperar la próxima prueba del mamut. No se trata de un Runners-High, de una distribución de ingentes cantidades de dopamina, hormonas de recompensa o de felicidad. Se trata de una tranquila belleza, que al conocerla aporta algo totalmente nuevo y encantador a tu vida. También nuestra charla se ha convertido entretanto en algo como el tarareo de una música que no encuentra un final reconocible, de forma pausada casi literalmente. Ignoro si Raúl se ha adaptado al dolor o, como él dice, ha conseguido ignorarlo al menos temporalmente. De todas formas también su marcha resulta más homogénea, tranquila y ligera.

No he tenido en cuenta el tiempo. Por primerísima vez no he puesto en marcha un cronómetro cuando he participado en una competición. Me he tomado mucho tiempo para admirar el paisaje, a todo aquello que acontece a mi alrededor y, ante todo, dedicárselo a mi propia persona.

Soy consciente de que tengo la meta ante mis ojos, lo he conseguido. Para mañana está prevista una carrera de 11,5 kilómetros en el programa. Una carrera para la Caridad, en beneficio de Unicef. Para acceder a la satisfacción de obtener la medalla de finalista deberá también superarse la última etapa, si bien el tiempo empleado no será computado con la totalidad del tiempo.

Ambos caminamos en dirección a la meta con la absoluta seguridad de ser finalistas del Maratón de Los Sables, Sableros, como lo denominan los españoles. No se pronuncian demasiadas palabras, pues hablar podría interferir en la grandiosidad del momento. Cruzamos la línea de meta en silencio y con la luminosidad de una bomba atómica.

En la tribuna situada al lado del lugar de acampada se realizan las últimas maniobras preparatorias. Se pone a prueba el sistema de amplificación. Patrick ha traído en avión a unos violinistas de la ópera parisina.

Al anochecer comienza el espectáculo. La noche es gélida. Un fuerte viento desplaza ese desagradable ambiente gélido sobre nuestros miembros.

El Gobernador de la Región, Al Rachidia, es agasajado, los ganadores del Maratón de Los Sables son homenajeados y como todo ello sucede sólo de forma lenta, son cada vez más los participantes que se escabullen hacia la inacabada protección de sus tiendas y bajo la única cubierta de por así llamarla de sus sacos de dormir. A continuación deberá venir el punto culminante.

La orquesta de cuerdas comienza a tocar en una absoluta perfección los músicos llenan el espacio que nos rodea con unos fantásticos sonidos. Resulta inconcebible comprobar la forma en la que sus ágiles dedos hacen frente al frío. El fuerte viento hace que se muevan las partituras y ocasionalmente se arrastra una de las ayudantes sobre el suelo de la tarima para fijar las partituras esparcidas por el viento en los atriles.

A continuación accede al escenario una esbelta cantante ataviada con un voluminoso vestido de gala y cuando comienza a cantar se me detiene el corazón, se me forma un nudo en la garganta y exactamente allí donde el frío estaba produciéndome estremecimiento, son esos sonidos los que me ponen la piel de gallina desde los pies hasta la cabeza. Una voz nítida y aguda de una belleza inimaginable convierte el estrellado cielo del desierto en música. Estoy convencido de no haber oído jamás en mi vida una voz tan absolutamente perfecta. No importa si es por la escena irreal de esta representación en medio de ningún lugar, o si este momento emocional, esta vivencia especial de la agotadora carrera del desierto, o es realmente lo único y exclusivo de esa increíble voz. Sólo el mero recuerdo de ello consigue impresionarme de nuevo. Ignoro si se trata de este momento único en mi vida o realmente es todo fruto del inmisericorde frío de esta noche lo que me impide pegar ojo esta noche. Lo cierto es que no conseguido dormir ni un solo segundo.

7ª Jornada

La tienda número 16 ha superado completamente el Maratón de Los Sables y ello merece ser celebrado. Decidimos recorrer la carrera de La Caridad juntos ese día. Un grupo dotado de un excelente humor que salta sobre las colinas de arena y desciende siempre con un nuevo impulso las suaves pendientes de las dunas. El Maratón de Los Sables ha sido superado, estos últimos metros son una verdadera gozada.

Nuevamente podemos volver a saborear la belleza del Sáhara. Patear, recorrer, saltar y deslizarse hacia arriba y abajo las famosas dunas de Merzouga.

En los últimos metros comenzamos a comentar la forma en la que deseamos celebrar la llegada a la meta. ¿La Ola? ¿Sprint? ¿Con los brazos en alto? Y será entonces cuando el momento decidirá totalmente por sí el acontecimiento. No se estrechamos las manos, alzamos los brazos y atravesamos la meta.

Ana, Raúl, Xavier, Joan, Marcelo, ha sido una experiencia maravillosa haberos conocido.